RENDA BÁSICA UNIVERSAL

MARCUS BRANCAGLIONE

Autor: Marcus Brancaglione

Edição final e organização: Bruna Augusto

Revisão: Marcio Rolim e Pedro Theodoro

Prefacio: Fabiana Cecin

Posfacio: Kevin Carson

2°Edição

São Paulo, SP

Sumário

Aos meus filhos

PREFÁCIO

Então meu amigo Marcus me pediu para escrever o prefácio da versão em inglês deste livro. E quem sou eu exatamente, além de um tradutor amador capaz de tornar o inglês passável? Eu não sou ninguém. Para ser mais preciso, sou uma pessoa cujo único papel atual nessa desculpa para uma sociedade de seres que se dizem saber e ser consciente é ser eu mesmo e fazer o que gosto de fazer. O que é pensar, escrever e descobrir um caminho, tentar ver e entender como realmente mudar alguma coisa, em mim e no mundo.

Depois de ler o livro, eu posso ter entendido por que ele me convidou. Talvez ele tenha feito isso precisamente porque eu não sou ninguém. Como nos ensina Marcus, a salvação vem somente daqueles que precisam ser salvos. A Renda Básica global verdadeiramente universal, não discriminatória, baseada na solidariedade, será concebida, e depois será criada, paga e recebida pelas mesmas pessoas, que somos nós, os norteadores do mundo. Charles Eisenstein, um dos meus escritores favoritos, também afirma ser ninguém no reino sobre o qual escreve, e escreve literalmente sobre Tudo. E essa nobreza, afirma ele, é talvez o que sinaliza a proximidade da visão de um mundo novo e mais belo sobre o qual ele escreve.

Eu posso ser um ninguém no Movimento de Renda Básica, ou em qualquer tipo de política, sociologia, antropologia, economia ou mesmo ativismo social, mas se o insight principal de Marcus Brancaglione estiver correto, então uma Renda Básica só pode ser real pelo envolvimento adicional dos "todos os outros", os ninguéns. Isso só acontecerá quando os ninguéns, os 99,9%, falarem e ouvirem diretamente uns dos outros, sem dependerem de intermediação por qualquer tipo de 0,1%, que são as pessoas que sempre vamos ver nas estantes de livros, rádio, TV e as grandes lojas de internet. E como vai o ideal da Renda Básica, não se trata de se livrar dos 0,1%, mas de pagar uma renda básica para eles também, ou seja, garantir uma participação de voz, de tempo de jogo para todos. A revolução é dos 100% e dos 100%. Todos recebem sua parte de voz, e há bilhões de vozes diferentes para ouvir, em vez de todos se voltarem para suas Televisões distópicas para ouvirem algumas opiniões da autoridade especialista do Estado sobre especificamente como toda a humanidade deve se sabotar hoje em dia. A fim de melhor continuar servindo o que Heather Marsh (outro autor que você precisa ler) chama os antigos esquemas Ponzi de poder e celebridade.

O que é uma "renda", o que é "dinheiro" a não ser um complicado jogo simbólico que mapeia o poder político e, como tal, pode ser visto metaforicamente como uma "voz", como "fala"? Dinheiro é discurso, assim dizem os tribunais superiores dos EUA. Assim, os ninguéns falarão livremente e a liberdade de expressão será o livre vínculo econômico, possibilitado pela própria rede de renda básica. A rede que eles construirão e que financiarão. Eles, nós, todos nós, mas principalmente nós, os ninguéns, vamos politicamente e tecnicamente expressar uma Renda Básica Universal, e essa rede de economia que criaremos é o que promulgará nossa libertação. Como Marcus argumenta meticulosamente neste livro, a outra Renda Básica, a classista, racista, xenofóbica, sendo inventada pela própria lógica que estruturalmente nega, suprime o surgimento dessa rede de libertação, não será sua amiga. Eu argumentei com Marcus que, acidentalmente e com o tempo, poderia, mas eu concordo com ele que não será por seu design padrão.

A escrita de Marcus oferece ao leitor um vislumbre interior de sua experiência de vida como alguém que uma vez visitou a vila de Quatinga Velho, Brasil, e implementou, junto com Bruna Augusto e sua ONG, ReCivitas, um dos primeiros pilotos de Renda Básica no Hemisfério sul. O livro começa com a percepção de que algo está podre no reino do Movimento de Renda Básica, quando ele percebe com horror seu erro acadêmico de objetificar os seres humanos como cobaias de um experimento econômico sendo realizado por replicadores inconscientes de uma estrutura externa e hierárquica de desempoderamento. Marcus prossegue então para vividamente expor seu processo de ver a verdade sobre a verdade da questão, desconstruindo conceitos fundamentais como universalidade, incondicionalidade, propriedades e direitos em suas partículas quânticas vivas e proto-espirituais, e então culmina em uma visão de um mundo presente distópico projetado, através de seus sistemas "sociais", especificamente para produzir e perpetuar a opressão, a privação e a inanição. Ou seja, não temos problemas sistêmicos porque erramos ao projetar nossos sistemas, mas porque esses problemas são o resultado projetado de nossos sistemas. Todos eles, incluindo os nossos favoritos. E então, o livro argumenta, se quisermos que a máquina pare de devorar as pessoas e o planeta, então algo deve mudar. E o que deve mudar somos nós. Nós, todos nós, precisamos deixar de ser replicadores passivos desses jogos e, em vez disso, percebemos que fomos psicologicamente aprisionados, enganados na compra de uma nova versão sobre uma nova versão dos mesmos princípios que excluíram a maioria de nós de existir política e economicamente desde a início da civilização hierárquica, de exploração, privação e de genocídio neste planeta.

Ou eu li muito em seu trabalho? Estou extrapolando fora do que ele disse? Bem, por que você não verifica por si mesmo? Não estou disposto a clonar seu pensamento nem o de qualquer outra pessoa. O que a sua escrita fez para mim foi o mesmo que a escrita de todos os grandes escritores (aqueles que são ótimos porque permaneceram sendo ninguéns mesmo depois de se tornarem conhecidos) que li me fizeram. Fui incendiada, não pelo fanatismo, mas pela criatividade. Eu me tornei mais de mim mesmo. Eu senti minhas conexões internas se ampliarem, expandirem e alcançarem novos bolsões de mistério que não mapeiam para um artefato externo que acabei de assimilar. Este livro, como todas as peças de grande escrita dos grandes nobodies deste mundo, são mantras, magia, ferramentas, gateways. Humana, conversas ao vivo. Eles não são conhecimento morto, mas portas, espelhos, alimento para uma expansão do próprio insight.

Esta grande obra não foi fácil de ler nem de traduzir. Dói, como faz toda grande escrita que revela as feridas, a dor que temos como sociedade lutando por eternidades para encobrir distrações e cinismo. E isso me ajudou a conhecer mais de mim mesmo, de meu próprio poder e, como tal, também promoveu minha libertação, minha liberação do que não me serve mais. Espero que possa ser o mesmo para você. E espero que nossa rede de renda básica universal possa fazer o mesmo com esse mundo dolorido e humano.

Fabiana Cecin

RENDA BÁSICA UNIVERSAL

Tenho que admitir, estava errado

Pensava que o fosso que separa a renda básica da realidade fosse apenas ético. Não é. O abismo é muito mais profundo. É moral.

Acreditava que a distância que separa a renda básica fosse feita só dessa falta de compromisso dos discursos com a sua realização; que o buraco fosse apenas entre o prático e teórico.

Julgava, ingenuamente, que bastaria vencer os bloqueios das demagogias política e acadêmica para que a renda básica se espalhasse como práxis pelo mundo afora.

Imaginava que, se conseguíssemos plantar esse ideal bem longe destes ceifadores como a semente de uma nova ética cidadã e ativismo social, os campos da renda básica iriam brotar. Mas que nada.

Não, não digo que tenha semeado entre pedras. Nosso projeto-piloto da renda básica no Brasil jamais teria existido sem a solidariedade principalmente a internacional. Não.

Não sei nem como nós teríamos sobrevivido sem a ajuda dos amigos nossos de Bangladesh em Roma, ou do pessoal do movimento suíço que nos colocou nas suas casas quando saímos praticamente fugidos do Brasil, quase como refugiados políticos. Não sei o que teria sido de nós, ou do projeto, sem a solidariedade deles. Isso só para falar de alguns... como posso me esquecer deles?

Mas não posso também fechar os olhares para o cenário mundial como um todo. E nele nós somos tão poucos... tão poucos mundo afora dispostos a compartilhar de verdade, a investir nosso tempo e dinheiro no ser humano sem discriminação... somos tão poucos do lado da humanidade... e tantos do outro. Tantos a serviço de exércitos, Estados, empresas e seus esquemas ... São trilhões de dólares e milhões a sustentar e investir (forçados ou não) nessa indústria de morte e privação.

Progresso? O progresso é inegável. Mas para quem? Para todos?

Para quem vive nos centros do mundo protegidos pelos senhores da guerra e do capital, com certeza. Mas e para aqueles que são tidos como o resto do mundo? E os que vivem nas periferias do mundo, fora dos bunkers burgueses? Onde está esse progresso? O que há de novo na globalização para os que vão morrer e serem apagados da história branca do mundo em nome da marcha civilizatória? O que é isso, quem sente sua dor se não a velha colonização em roupas novas, ou melhor não tão sujas de sangue?

A renda básica vem crescendo, mas não parece nenhum pouco disposta a enfrentar a escravidão de povos e pessoas. Sejamos justos, não parece nem disposta a bater de frente com a precarização do trabalho, que dirá então enfrentar a Divisão Internacional do Trabalho.

Divisão internacional do trabalho... que eufemismo pomposo para a velha rapinagem genocida do capital, para a monopolização dos recursos naturais; para a exploração dos expropriados, dos bens comuns via privação dos seus meios vitais desde o nascimento até a morte.

Sei que essa é uma visão radical para muita gente que vive, especialmente, em bolhas. Sei que para banqueiros, políticos, e tecnocratas e até acadêmicos que vivem e comem muito bem da mão deste sistema, ela é a visão do mundo que precisa ser constantemente apagada e silenciada. Enfim, estão defendendo os privilégios deles. E para quem não vive nas pirâmides, e para aqueles que as sustentam nas costas, que conseguem ler e escrever e entender? Ou até para aqueles que mesmo estando sentados em cima das costas desta gente jura que se importa com ela? Como fingir que não vemos isso?

Entendo, portanto, os interesses dos velhos defensores das rendas básicas nacionais. Mas quanto aqueles que resolveram juntar agora a palavra universal à renda básica? O que vocês sentem e veem?

Mesmo aqueles que nunca sofreram ou viram de perto a carestia e pobreza, a ideia da universalidade e direitos humanos verdadeiramente para todos sem nenhuma distinção como pode lhe ser tão alheia, estranha ou utópica? Como podem falar de universalidade sem se sensibilizar ao significado do que é ser humano?

É obvio que a renda básica não é só o combate a pobreza, ou de privações materiais. Essa visão mata o sentido libertário da renda básica. É lógico que a renda básica é um movimento pela libertação de todas as privações primitivas do bem comum de todas as pessoas sem distinção, ou segregação. E por isso mesmo pergunto como uma luta por emancipação, tanto políticas quanto econômicas, pode estar submetida e alienada ao status quo? Reduzida ao arcabouço ideológico que deforma tanto o ideal quanto abortam sua concepção?

Será que vocês acham que todo o problema da falta de uma renda básica começa e termina na falta de trabalho ou empregos ruins? Que a renda básica é só isso?

Não. A renda básica é um ideal libertário e humanitário muito mais profundo e anterior que os problemas contemporâneos do esgotamento de mais uma fase do processo de produção capitalista. Ela se manifesta muito antes contra sua carência; está lá presente nas lutas e revoluções contra os piores crimes do estadismo e privatismo, contra o direito natural a vida e liberdade: a morte de pessoas, sobretudo daquelas que não tem força para exercer igualmente e natural legítimo direito a defesa.

De onde vocês acham que vem o milagre de um ser humano ao se levantar e caminhar para se interpor contra a violência e privação do outro sem querer nada em troca para si? Da solidariedade, meus amigos. Da única coisa que mantém nossa humanidade não como caridade, mas como sonho e revolta perante as pessoas condenadas a morrer. Condenadas a trabalho até morte sem nenhuma vocação ou sentido possível para suas vidas. E condenadas não porque nasceram sem sorte, mas porque não pertencem aos povos eleitos de deus ou seus estados. Vão morrer sem nenhuma razão; nenhum outro motivo senão porque lhes foi roubado o direito de viver, não em tese, mas de fato como o bem comum, os meios naturais e vitais que também lhe pertenciam pelo simples fato de coexistir.

Roubada por seus estados omissos e corruptos aliados as empresas e capitais transnacionais que monopolizam, pilham e roubam suas terras e riquezas naturais. Não senhores, essa riqueza não vai para o espaço sideral, o que os políticos corruptos e totalitários dos países pobres roubam em conluio com suas empresas e forças armadas termina sustentando o consumo desse belo processo civilizatório de gafanhotos.

Não, não falo com amargura. Pelo contrário. Adoro uma boa briga. Mas pelo jeito é só isso que teremos. Hoje a humanidade está tão árida e seca quanto um leito de rio desviado há tanto tempo de seu curso natural que mal se lembra que um dia ali em seu leito havia vida inteligente e solidária evoluindo e revolucionando.

E isso não é uma critica a quem ganha ou é pago para sustentar esse sistema. Tolo sou eu, e todos que acreditamos na universalidade e humanidade branca. Tolo, somos nós, que continuamos a pedir aos lobos para nos pastorar como ovelhas.

Não, eles não estão enganando ninguém. Eles estão defendendo abertamente as teses e proposição de humanidade e renda básica que lhes interessa. Enganado é quem se deixa enganar, acreditando que estes modelos teses e proposição chegaram até nós um dia. Que essa renda básica era mesmo para todos como iguais e não meros objetos de testes. Cobaias.

Não, meus amigos, a renda básica pode até vir para os cidadãos dos países desenvolvidos de bom grado, mas para as bases da pirâmide mundial não vai chegar sem muita união, solidariedade e luta pelos excluídos. Não virá enquanto não gritarmos com toda a força que não somos seus objetos de estudo, experimentação, uso, emprego, não somos suas propriedades, somos gentes, sujeitos iguais do mesmo mundo.

Se queremos as pessoas que estão morrendo nos barcos de refugiados, em fábricas, em guerras, em prisões, em todos os fins de mundo de onde o capital e trabalho só sai, não entra senão como migalhas, vamos ter que nos levantar e não só colocar a renda básica em prática como beneficiários, mas criadores de uma renda básica verdadeiramente para todos, sem fronteiras, nem distinções nacionais ou territoriais. Vamos ter que fazer nossos próprios projetos-pilotos, vamos ter que desenvolver nossos próprios-ideais. Mas o que esperamos? Liberdade não se ganha, se conquista.

A renda básica é um movimento abolicionista. Um movimento de libertação de todos que por privação primitiva sejam obrigados a vender seu trabalho a outrem. Não há contratos de trabalho entre monopolizadores do bem comum e expropriados, mas escravidão assalariada. Pessoas desiguais em posse e riqueza são livres para vender seu trabalho umas às outras. Quem contrata lucra ou se beneficia do trabalho servil porque privada da sua participação no bem comum pode não ser um escravagista mas vive às custas deles.

Erramos, portanto, em não afirmar com todas as letras essa noção tão evidente. Não sei se achávamos que isso era por demais evidente ao menos para quem defendia uma renda básica. Não sei se o que faltou para nós, no ReCivitas, foi coragem ou visão, mas sei o que está nos faltando agora: a nova definição de renda básica. Uma que reintegre a concepção das teses à ética humanista e social que jamais poderia lhes faltar.

Mas nunca é tarde para corrigirmos nossos erros

Até agora trabalhamos como se todo o problema da renda básica fosse somente o da falta de iniciativa e principalmente desenvolvimento de métodos aplicados. Como se tudo se resumisse a falta de uma tecnologia social que colocasse a teoria disponível em prática. Hoje sabemos—muito graças a própria experimentação—que além de literatura voltada à renda básica aplicada, faltam também teses e definições suficientes à sua concretização.

Não estou afirmando que é um engano a abordagem da renda básica como politica independente fundamentada no paradigma do ativismo social aliado ao da inovação e tecnologia social. Nisto acertamos em cheio, senão já teríamos sido esmagados faz tempo. Mas é inegável, erramos ao pensar que a simples concretização do um modelo seria o suficiente para inspirar a sua replicação. Foi, mas não ainda sem fronteiras, não com o mesmo espirito social, libertário e humanitário. Não com a amplitude, e alcance que ainda esperamos.

11

Como disse, pensávamos que tudo o que faltava para botar a renda básica para voar era o aparelho. Um modelo que funcionasse. Que bastaria tirá-la dos domínios dos teóricos de gabinete e doidos de plantão. Achei mesmo que se construíssemos, enfim, os primeiros projetos capazes de sair do chão sozinhos, poderíamos dar início a essa revolução. E não, não nego, que de certa forma, graças a esses projetos a renda básica enfim está decolando. Mas repito, falta à renda básica o essencial: o espirito inovador e libertário, no sentido mais profundo e revolucionário da palavra. No sentido que um Thomas Paine a concebia e compreendia: o da libertação de povos submetidos política e economicamente para a construção de novos mundos. Menos que isso e já em tese, nada mais do que mais do mesmo.

Não me entendam mal, este texto não é uma ruptura com aliados que tenham visões ou propostas mais restritas, muito pelo contrário é um chamamento para que mesmo dentro delas não percamos o espirito da renda básica e nosso ideal em comum.

Não vou negar, estamos progredindo como nunca. E um paradigma foi quebrado com nossos pequenos projetos-pilotos e experiências. A utopia finalmente está se tornando realidade— até porque o velho estado de bem-estar social está caindo aos pedaços, e alguma alternativa é preciso. Deveria, portanto, estar orgulhoso, por ter tomado uma pequena parte dessa ainda minúscula revolução que está vindo. Mas, confesso, não estou. Não só porque é pouco, perto do que precisamos, mas porque não vejo nenhuma universalidade na renda básica universal que vem por aí. Não sou nenhum Diógenes para sair com a lanterna em punho a procura de um cidadão cosmopolita de verdade pelo mundo. Mas pergunto: renda básica universal? Universal para quem cara-pálida?

Sei que falar da prática e aplicação de uma renda básica como se ela precisasse de estudos e métodos, como se tivesse técnicas e estratégias para sua consecução soa forçado para muita gente.

Especialmente, a dois grupos: (1) aqueles que acham que basta apenas convencer todo mundo de que a renda é uma boa ideia, ou então fazê-la por decreto; (2) aqueles que acham que a renda básica é impossível, não há o suficiente para todo mundo e ponto final. Em tese duas completamente distintas, mas que, na prática, dão no mesmo: lugar nenhum. Tanto os que defendem como os que as objetam sem pensar podem, portanto, no real, dar as mãos: ambos acham que a renda básica não passa da distribuição de dinheiro para todo mundo. Uma simplificação que induz as pessoas ao mesmo erro e imobilismo.

É tentador olhar para renda básica como se fosse um ovo em pé. Algo impossível antes de alguém fazer, fácil depois de feito. Mas, não é bem assim. Não estou querendo vender dificuldades até porque literalmente não ganho com isso, somos voluntários. Mas ignorar a guerra por trás das transformações sociais é pedir para ser derrubado pelos primeiros tiros de quem não quer vê-la.

Seja, portanto, porque se pensa que é muito fácil ou ao contrário complemente impossível, no fundo o pressuposto para não sair do lugar nem chegar a lugar nenhum é o mesmo. Partindo dessa premissa, não é à toa que tão poucos projetos grandes ou pequenos tenham conseguido sair do papel e continuado no mundo, mesmo onde o que não falta é dinheiro.

Ora, é obvio que para construir um projeto de renda básica não precisamos de nenhum engenheiro aeronáutico nem, deus-me-livre, engenharia social. Lidar com pessoas não é lançar nenhum foguete. É mesmo muito mais simples... e por isso mesmo infinitamente mais difícil de fazer dar certo.

A renda básica é como o casamento, ou a paz mundial... em tese, muito fácil de explicar, mas na prática não é tão simples de fazer acontecer. Engenheiros da economia podem nunca admitir isto; podem pregar para sempre que suas profissões e estudos são muitos mais complexos do que relações ou conquistas sociais, mas as estatísticas dizem o contrário. Eles podem mentir, elas não.

Se a renda básica fosse tão simples e fácil quanto parece, se tudo a resumisse a explicar bem ou convencer os outros, a renda básica, como a paz mundial, já teria acontecido faz tempo.

Permitam-me dizer qual é, de largada, o primeiro grande problema com a renda básica, porque ele é o mesmo de todos ideais: na prática a teoria é sempre outra.

A teoria da prática

No real, tanto o ideal quanto o essencial não são só invisíveis, mas insignificantes para aqueles que desconhecem (leia-se, não sofrem) sua carestia. A renda básica é como a liberdade que ela representa, só se conhece mesmo pela falta do que era ou deveria ser garantido.

Não é de surpreender, portanto, que quem tenha tido o tato e iniciativa para colocar a renda básica tenham sido as pequenas vilas na África, América Latina. Poder pode até ser feito de privação do saber. Mas saber não é poder, é sensibilidade, experiência; é feito de sofrimento e compaixão. O sofrimento irmana, solidariza, universaliza, é nele que descobrimos o quanto somos todos iguais em vulnerabilidade e pelo qual construímos primeiro a comunhão de percepções comuns e só então a comunidade do saber.

Saber não se papagaia, mas se co-significa pela presença do sentido, sentimento e nexo com o outro em sua realidade.

Sem dúvida esse saber precisa ser traduzido no rigor de teses e método racionais, mas ele não se gera com meras proposições e experimentação sem referência a seu sentido gerador, desprovidas, portanto, do nexo humano e social original, mas ao contrário, com ideais e experiências sensíveis e conscientes da sua sensibilidade e sentido humanitário e socializador. É preciso, portanto, mais do que experimentação e racionalidade ou hipótese e pressupostos ideológicos para concretizar ideais. É preciso sensibilidade e inteligência solidária.

Não estou dizendo com isso que só quem conhece a carestia (material ou psicológica) tem capacidade de conhecer e realizar uma renda básica universal, muito menos que só nos lugares carentes do mundo há sensibilidade para seu desenvolvimento. Isso é uma dupla mentira. Não só existem pessoas sensíveis à pobreza e segregação nos burgos dos países mais ricos do mundo como também nos mais pobres, e gente caída nas esquinas dos dois mundos para quem quiser se sensibilizar quando bem entender.

Estou afirmando que a concepção de renda básica que não é sensível à carestia presente em qualquer lugar do mundo não tem capacidade para compreender a renda básica, nem para construir seu entendimento verdadeiramente universal, não apenas como práxis, mas como o ideário que essa prática tanto carece. O ideário que como hipótese não olha para a realidade como mero campo de comprovação das suas falsidades ou verdades, mas que se constitui pela integração concomitante da prática na concepção de teses prático-teóricas.

Todo o mundo está se fechando em medo e xenofobia, eu sei. Mas isso é ainda mais uma razão para que a renda básica não se renda a essa tendência. Vemos o mundo levantado muros reais de preconceitos. Se dividindo entre privilegiados e excluídos. Vemos as sociedades civil, o mundo que se considera civilizado, se escondendo mais uma vez atrás de muros, guardas e grades, fechando os olhos para aqueles que vivem fora dos seus bairros e territórios, enquanto suas armadas fazem o serviço sujo, longe das suas vistas. Mas e nós que dizemos uma renda básica dita universal? O que vamos fazer? Para onde vamos olhar?

Vejo o humanismo e universalismo batendo em retirada e se rendendo ao velho estadismo e nacionalismo. E não podemos simplesmente assistir à concepção de universalidade perdendo sua humanidade e cosmopolitização, sendo reduzida e tomada assim como as próprias povos por nacionalismos e territorialismos.

Não podemos cair em armadilha de um pragmatismo ou realismo político que de fato não é nem práxis nem realidade, mas distopia. Não é preciso uma renda básica mundialista ou qualquer outro tipo de totalidade territorial para preservarmos o ideal da universalidade e concretizá-lo, mas sim sociedades abertas para o mundo. Se já no ideal expresso nas teses e definições renunciamos a isso. Se nos contentamos em replicar a renda básica reduzida ao velho modelo insustentável e falido de estado-nação não só nunca vamos sair do lugar comum, como vamos literalmente nos deixar explodir junto com eles e seus fanáticos.

Com justiça, não se pode dizer que nossa proposta seja sequer uma ruptura essas antigas teses e definições, pois é rigorosamente uma reafirmação de princípios para a ampliação do alcance do ideal. De fato, nunca nos enquadramos completamente no velho paradigma e fomos na prática gradualmente nos afastando cada vez mais. E sempre lidamos com naturalidade com as consequências disto. Por isso mesmo não temos problema algum em assumir que muito útil foram para nós esses antigos paradigmas e definições. Porém, se sempre soubemos que não deveríamos ficar presos a eles, hoje temos a as provas do quanto precisamos ir além.

Somos gratos às fontes teóricas que bebemos para construir nossos primeiros modelos para o projeto-piloto de Quatinga Velho. As teorias, até então disponíveis, foram importantíssimas para o sucesso dessa experiência. Podem até não ter servido para provar suas proposições, mas foram mais do que suficientes para a demonstração à validade da renda básica aplicada. Contudo, como era de se esperar, essas concepções também encontraram na experimentação seus limites e limitações inerentes.

Primeiro, é claro as metodológicas—já que tais concepções até então não tinham nenhuma referência, nem mesmo bibliográfica de rendas básicas aplicadas. Mas depois limitações outras, ainda mais sérias foram se revelando, limitações conceituais referentes a própria definição da renda básica.

Quando iniciamos o projeto-piloto de Quatinga Velho, usamos como referência a definição de renda básica de Vanderborg-Parijs. Sabíamos desde o princípio que a renda básica não era um rótulo que poderíamos colar, mas que precisava ser um procedimento rigoroso capaz de conferir o significado do direito a ação social. Não aos olhos dos entendidos, mas sobretudo aos olhos de quem a recebia. Que era no entendimento destas pessoas que participavam da comunidade da renda básica que repousaria, durante a experiência, a consumação desse ato com todo o sentido que projetávamos nele. Sabíamos que a concepção de uma renda básica não era, portanto, apenas um conjunto de regrinhas a serem obradas e seguidas.

A concepção, a tese, é alma da experiência que precisa tanto do corpo para tomar forma concreta e ganhar vida, quanto esse corpo precisa da concepção que lhe dá animo para não ser um ato vazio de sentido. Sabíamos que precisávamos dar a luz ao nexo da experiência para além da mera observação dos fenômenos, enquanto a concretização do novo. Um partogênese social e humanista que trouxesse vida a esse ideal em todo o seu espirito libertário. Menos que isso seria masturbação intelectual e falsificação ideológica.

É pelo ideal que as livres vontades e voluntários se levantam. Um ideal não é uma simples ideia. É uma concepção transcendente. É o sonho do filho que ainda não veio. Da pessoa que não somos. Do mundo que não temos. Ele pode ser em princípio uma abstração, um sonho. Mas quando cai na terra e se confronta com o real e com a carestia, ele precisa se transformar, precisa nascer e lutar para existir e essa luta e sensibilidade à carestia é que vão dar não apenas a forma real a esse ideal, mas a nova forma deste espírito já revolucionado.

O idealismo naturalista e humanista é, em principio, um estado de espírito que se manifesta como sentimento e vontade de transformação, uma profunda nostalgia do original. A saudade do novo. É um sentimento que precisa ser resinificado em concepções sensíveis capazes não apenas de traduzir seu espírito, mas dar-lhe corpo, concretude ao mundo como ele é e não apenas encarná-lo, mas transformá-lo em sua vivência em algo novo enquanto princípio.

E é por não termos nos esquecido disto enquanto apreendíamos, por saber do papel fundamental da concepção dos ideais na sua concretização, por saber o quanto a tese pode ser o arcabouço pré-conceitual que deforma e mata antes mesmo que o ideal possa nascer ou crescer, que a luz completamente oposta dos princípios que norteiam o caminho dos novos e seus realizadores, é por tudo isso (não essas palavras mortas, mas a vivência a que ela remete) que temos produzido concomitantemente junto a experiência uma literatura que possa ajudar constantemente a apontar para a construção dessa nova concepção prático-teórica mais fidedigna para renda básica, propondo definições que sejam mais verdadeiras para as práticas que já desenvolvemos e pretendemos continuar a desenvolver.

Outra visão, outra definição

Do nosso ponto de vista social, daqui debaixo, da ação de base, as definições disponíveis não só se esgotaram no que poderiam dar para a concretização da renda básica; elas se revelaram insuficientes como expressão do ideal da renda básica. Não são capazes de sensibilizar, nem atingir quem mais precisam da renda, nem como prática nem como ideal.

No fundo, acho que nunca foram pensadas sequer para chegar a quem não tem nada, nenhuma renda ou proteção social garantida ou cidadania de primeira classe. Nunca tiveram nenhuma pretensão de ir além das fronteiras que estão encerradas. Até mesmo quando não estão internas ou eurocentradas, elas não compreendem nem mesmo seu universo com a irmandade que a universalidade demanda. Se não acreditam, perguntam aos cidadãos que mesmo estando dentro dos centro do mundo, não pertencem a primeira classe de um território nacional.

A definição atual da renda básica tem medo de si mesma. Da sua força para colocar o mundo de cabeça para baixo. Do quanto a verdadeira renda básica é revolucionária. Não adianta tentar escondê-la e subestimá-la. Os inimigos da humanidade não são idiotas. Eles sabem exatamente como funciona seus sistemas de exploração e muito melhor do que muita gente que o critica. Provar a eles que as objeções que eles impõem à consecução a renda básica são preconceituosas e falaciosas, não vai mudar um milímetro a posição de ninguém. Pior ainda é desenvolver definições de renda básica que partam destes pressupostas, ou que sejam a resposta desta problemática que não foi feita para ser resolvida. A função da proposição desses argumentos e problemas que não é a solução. São nós górdios. Sua função é mantar tudo atado como está. E construir modelos a partir destes nós. E perder-se e amarrar-se no que a renda básica não é e não pode ser uma salvação do sistema de exploração da privação primitiva. Se o for, é qualquer coisa menos a restituição do direito natural e fundamental, não é renda básica.

Não é de se surpreender que a renda básica nunca atinja a massa crítica de apoio popular. Como movimento ela já perde quando aceita as pressuposições de um jogo onde ela está condenada a ser uma utopia, ou a falsificação de uma conquista. Renegar a vocação cosmopolita e universal, tentar fazer palatável ao banquete de quem detém o poder, pode agradar os mestres, mas não vai colar com o povão. Porque ele não é o ignorante e incapaz que todo intelectual pressupõe que é. Ele apenas está privado desse outro capital que também se monopoliza como qualquer outro, para vender sua intermediação.

É neste sentido que as definições de renda básica carecem de potencial libertário e universal. Parecem não ter coragem de mandar o Estado e o Mercado juntos ao inferno de onde saíram e se assumir como é: instrumento de abolição e libertação.

A renda básica que não se conhece e não se manifesta como libertação não da falta de empregos ou empregos ruins, mas libertação do maldito trabalho forçado e a morte de quem nasce sem ter como sobreviver, não dispõe explicitamente contra servidão involuntária e escravidão assalariada. A segregação que nos divide e domina pode até ser renda básica, mas não é universal. Não conhece seu espirito libertário e humanitário, e em verdade sequer escapa da alienação geopolítica e cultural que se interpõe até mesmo a do princípio da incondicionalidade.

A renda básica que renega sua vocação, que não se concebe como libertação, não vai ao encontro dos marginalizados, carentes e expropriados do mundo, que não têm coragem de ir para a linha de frente da luta contra a exploração do trabalho e capital onde essa guerra contra a humanidade faz suas maiores vítimas inocentes, não é renda básica. É uma ideia mais velha quanto à religião e o Estado, é dizimo e esmola, e compra de alienados e fidelizados entre os escolhidos e protegidos. É instrumento de poder para os desiguais em autoridade sobre os privados de liberdades fundamentais. E sinto muito, isso já existe.

Pode parecer presunção da minha parte, ou completamente absurdo dizer que um ideal tão simples como a renda básica carece de outra e melhor conceituação prático-teórica. Mas parece que se quer esquecer a raiz histórica do crime de expropriação do bem comum que demanda que a renda básica não seja simples caridade ou assistência, mas ao mesmo tempo a ajuda mútua entre os excluídos que buscam, assim, ao mesmo tempo, tanto a libertação quanto a restituição do usufruto de direitos naturais roubados.

Enquanto iniciativa particular, é urgente a mitigação deste roubo, mas como ação coletiva não pode ser menos que a proposta de retomada do nosso bem comum. Enquanto contrato social não pode ser menos que a disposição de garantia mutua e iguais de participação nas propriedades comuns.

Não é confiscando nem cancelando os direitos de propriedade de ninguém que se constitui a renda básica, não é ferindo os direitos de cada pessoa de herdar o que ele possui em paz, mas estendendo esse reconhecimento e proteção absoluta à herança e a propriedade natural que é comum a todos não para ser consumida, mas para ser usufruída na exata medida das necessidades de cada um. É garantindo o direito fundamental da posse e preservação de tudo que é absolutamente necessário a vida de todos, como meio ambiente e meio vital, que o direito inalienável de participação na propriedade comum e hereditária se consuma como reconhecimento de direito natural e universal anterior a qualquer direito do homem. Se consuma como o dever social e humanitário de garantia de participação e usufruto de todos os seres humanos no bem comum na medida das suas necessidades. E sem necessidade de derrubar o que está posto, mas convertida em participação nos rendimentos dos capitais nacionais e transnacionais.

Trocando em miúdos, não é com taxas ou tributos sobre pessoas físicas que vamos chegar à renda básica. Mas com o processo de redistribuição reversa, restituindo o controle acionário dos povos do mundo sobre as riquezas naturais e comuns dentro dos territórios que ocupam e pagando os devidos dividendos sociais a cada pessoa calculados sobre o ganho dessas propriedades que se consuma a renda básica que é direito natural e não esmola ou benesse de espoliadores que usam do privilégio de administrar esses bens que não são seus para continuar as expropriando e formando monopólio por capitais estatais e privados em conluio.

Mas quem acredita hoje nos Estados-Nações? Quem acredita que os Estados distribuem alguma coisa de graça, fora tiro e bombas nas periferias do mundo, seja dentro ou fora dos seus territórios?

Não sou besta. Eles jamais o farão de bom grado.

A renda básica advinda deste sistema não poderá deixar de sustentar e reproduzir esse sistema de alienação e privação. E é por isso mesmo que a renda básica, como prática e movimento, não se constitui sem a iniciativa social voluntária e independente dos próprios expropriados para antes de tudo sua instituição mútua e solidária. Sem esse sistema social independente nunca chegaremos à restituição dos nossos direitos naturais como deveres e contratos sociais postos como obrigações constitucionais impreteríveis de governos e empresas. E mesmo se chegarmos até esse estágio, se perdermos essa rede complementar de ajuda mutua, quando ou onde vier a faltar recursos comuns que sejam suficientes para suprir o básico, não teremos nenhum sistema pronto para provê-lo.

O que não falta, portanto, à renda básica é espirito libertário ecológico e humanista. O espírito está lá, escondidinho como que não querendo desagradar os poderosos, esperando e envelhecendo como um Fourier a espera do seu patrono encantado que realize sua fantasia.

Não conseguimos, até agora, construir os sistemas que tanto carecemos em escala verdadeiramente universal, não escapamos ainda completamente da eterna utopia, não porque as massas estejam imbecilizadas, mas porque o ideal de universalidade é tão pobre e delimitado quanto as proposições e projetos que o manifestam. E me incluo nesta crítica.

Por isso faço questão de dizer de novo, com todos as letras:

Nenhuma renda básica nacional ou local, se fechada para o mundo, jamais será uma renda básica universal. E se não ficou claro, permitam-me continuar sendo repetitivo (até cair duro ou sairmos do lugar).

Não estou querendo afirmar com isso que os Estados não devam pagar a renda básica aos povos cuja propriedade e riquezas eles explora e detêm. Ou que pequenas comunidades não possam pagar nem receber renda básica inclusive uma as outras, mas justamente o contrário! Estou dizendo que os Estados, todos eles, têm a renda básica como obrigação e dívida com todos os povos do mundo.

O fato dos direitos universais não estarem restrito a nenhuma fronteira nacional não exime os estados-nacionais de dar cumprimento as suas obrigações humanitárias fora dos seus territórios, justamente o contrário, os obriga a cumprir dívidas e obrigações com todos os povos e pessoas, não importando sua cidadania, origem ou localidade.

Os Estados Nacionais e suas corporações transnacionais não só têm a obrigação de pagar esse dividendo social na razão necessária para que todos vivam livre, em paz, dentro do território natural onde controlam política e economicamente estes recursos, mas como também a corresponsabilidade humanitária com todos os povos do mundo de restituir esse direito natural a cada habitante do planeta. E esta é uma obrigação diretamente proporcional a exata medida aos privilégios e riquezas naturais que extraem com a exploração da privações primitivas do bem comum das populações e monopólio violento desse meios ambientais e vitais, seja como tributos, seja como capitais privados e transnacionais.

Não há problema nenhum em governos e Estados nacionais paguem renda básica, desde que o façam de fato como tal: universal e incondicionalmente. Que seus demagogos tomem isto como desafio, se os impérios, tiranos, e podres de rico do mundo passarem a garantir qualquer renda básica, engulo minhas palavras e me curvo até levantar bem minha bunda para eles. E não precisa ser do seu patrimônio particular, não. Não quero um centavo da herança nem riqueza de ninguém. Mas só dos patrimônios e orçamentos públicos que não pertencem, mas compõe seus privilégios, subsídios, e despesas em armamento, guerra, etc.

E quanto às nossas insignificantes iniciativas marginais e cidadãs?

Não importa onde, nem o tamanho de cada uma destas localidades, desde que todos que estiverem no alcance dessa rede de proteção social tenham acesso a esse sistema de pagamentos sem nenhum tipo de discriminação, desigualdade de autoridade ou relação de poder, quantos mais lugares do mundo tivermos essas comunidades abertas sem nenhum tipo de segregação inclusive a nacional e territorial, de fato, mais universal será essa renda básica.

O que não dá é para se render a esse modelo, principalmente agora que estamos em face de uma das maiores crises econômicas e humanitárias dos últimos tempos, e que não só já alimenta neofascistas mas pode descambar para conflitos geopolíticos ainda piores do que muita gente já vem enfrentando... e morrendo.

Acreditar que os limitados arcabouços conceituais dos estados-nações possam ser expandir humanitariamente para comportar a aplicação de uma verdadeira renda básica universal é altamente improvável, mas não é impossível. Porém, aceitar que concepção cosmopolita da renda básica universal seja reduzida a compreensão extremamente estreita de direitos humanos do estadismo e nacionalismo é vendê-la ao diabo.

É obvio que estamos todos presos a nossos respectivos estados e que não adianta ir ingenuamente contra a globalização. Mas é absolutamente paradoxal, para não enganador, propor uma renda básica universal sem a instituição de uma universalidade que participe de uma visão cosmopolita da humanidade, e ao menos tende se apropriar deste processo internacional para disseminar o universalismo como cosmopolitização e desagregação dos povos.

Uma renda básica limitada aos preceitos ultrapassadas de estados-nações e bem-estar social não está condenada só a falir junto como eles, mas a carregar muita gente enganada. É uma renda básica tão alienada e instrumentalizada à exploração e divisão nacional e internacional do capital e trabalho quanto o próprio o sistema se coloca a serviço.

O universalismo que aceita a pressuposição falaciosa de que os direitos humanos e universais carecem do estadismo para serem instituídos está condenado a permanecer onde está hoje, como uma mera declaração de Estados-Nacionais Unidos. Essa universalidade reduzida aos complexos nacionalistas e estadistas, destituídas do seu espirito cosmopolita é uma palavra que pode não estar ainda completamente destituída de sentido, mas certamente não tem lugar para se tornar um fato.

O direito humano a uma renda básica universal não é uma definição mais utópica e bonitinha para uma renda básica. Ele é a definição para ser bem recebida nos clubes seletos, conversa agradável em salas-de-jantar. É o amaldiçoado direito à vida e liberdade que existia antes da invenção do pecado original, dos Estados e as leis dos homens. E continua sendo um direito depois que eles desaparecem. Será sempre um direito onde houver vida, e um dever onde vier a surgir vida inteligente capaz de reconhecê-la.

Era o usufruto dos recursos naturais da terra que não se comia da mão de nenhum patrão ou governo. E ainda é, como a participação devida a todo homem igual e livre como sua parte natural do nosso bem comum. É o mínimo vital devido a todos que vivem num mesmo lugar e pelo qual legitimante se uma pessoa ou povo marginalizado pode ir à luta contra os outros onde não existe Estados de paz e justiça capazes de garantir suas necessidades mais básicas. O lugar que também é seu no mundo.

A renda básica é, portanto, por oposição aos impérios e monopólios da violência, o pilar de fato dos verdadeiros contratos sociais dos Estados livres, tanto como direito natural quanto dever humanitário e social. Não é benesse, caridade nem assistência, mas dever mútuo entre todos de garantia de acesso a renda devida a cada um de uma propriedade natural. Não é um programa de governos assentados sobre a desigualdades de poder, mas o princípio factual de contratos sociais entre pessoas iguais em liberdade fundamental e autoridade sobre o bem comum.

A falta da renda básica, portanto não é uma falha do sistema, mas a perpetuação do roubo, alienação e retificação que compõe o extermínio do homem pelo homem por desigualdade e privação natural. Sua falta não é uma falha dos estados de paz, mas uma declaração perpétua de guerra dos protegidos contra os excluídos de um mundo que também é dele, sejam estes excluídos de outros povos, classes sociais, gêneros ou até mesmo gerações.

A demanda por caráter democrático e libertário às práticas e definições da renda básica não é, portanto, virtuosismo.

Uma renda básica não é um dinheiro dado de A para B. Isso é uma relação de poder. A renda básica é a garantia mútua de A e B, o contrato social entre os que se reconhecem iguais em e liberdade sobre o mundo de que ambos terão acesso ao suficiente para viverem livres e em paz, inclusive de que C consiga ciar exército de fanáticos e alienados como os dependentes políticos e economicamente criados pela privação desses bem comum e mínimos vitais.

A renda básica de verdade é, portanto tão fundamental contra as tiranias, quanto é para a renda básica verdadeira que não a elas submetida. Como então há ainda aqueles capazes de defender a renda básica pensada como ração estatal como condicionantes e controles burocráticos explícitos ou não sobre as populações? Não sei. Ou melhor sei, mas não quero mais perder tempo com isso. Isso simplesmente não é passo algum a renda básica, é um cavalo de Troia.

O ideal cosmopolita deve participar desde a definição até a proposição final de financiamento e forma de pagamento de uma renda básica. Pois, uma coisa é fazer o máximo possível dentro das nossas limitações materiais, outra é se render à conformação materialista do idealismo.

A realização da renda básica precisa ser capaz de se concretizar dentro das possibilidades da conjuntura, porque é essa delimitação da atualidade que dá forma e concretude ao ideal. Mas o ideal, pelo contrário, não pode jamais estar aprisionado a serviço desta conjuntura, ou nunca será capaz de superá-la e transformá-la. A menos é claro que tome coragem e traia seus senhores. A tese e a prática que não se projeta como o ponto de fuga ideal para a construção do novo, não conseguem se fazer nem como alternativa.

A renda básica que vem por aí...

Sim, a renda básica vem vindo. E é, sem dúvida, uma conquista. Não vou ser ranzinza, nem estúpido para defecar sobre o que tanto ajudei a plantar. Admito: essa é uma puta conquista, e duvido que tenha gente mais contente com ela. Afinal, ninguém está a mais tempo literalmente investindo seu tempo e dinheiro, literalmente, pagando para esse sonho acontecer. Minto, o pessoal da Namibia, está, não? O que importa, é que não podemos cair no ufanismo. Pelo contrário, temos por isso mesmo, que assumir nosso dever moral como doidos que fomos e fazer essa pergunta: que raio de renda básica é essa que vem sendo pensada por aí? Todos quem? Sim, vejo que a renda básica vem vindo. Mas para quem? E para quê? A quais anseios e propósitos ela vem atender?

Não há ideal que não possa ser esvaziado em seus termos e propósitos e gradualmente substituídos por outros completamente opostos ao seu sentido original. E de repente o que vejo é um ideal de libertação do trabalho alienado, uma garantia de vida livre e digna correndo o risco de ser reduzido, não só a práticas completamente contraditórias a emancipação política e econômica inerente a renda básica, mas a renda básica reduzida a instrumento inverso.

Infelizmente, tenho a impressão que essa nova tecnologia social, como tantas outras, também pode estar sendo apropriada para outros fins e caminhando para propósitos completamente distintos daqueles que nós, lá no começo, tanto trabalhamos para tirá-la do papel. Assim falando me sinto quase como um socialista, dito utópico quando olho para aqueles que se proclamam científicos. O que vejo é eles desqualificando e distorcendo para ajustá-la aos anseios e preceitos dos ditames dos seus velhos dogmas do estadismo ultrapassado e distópico.

Sei que pode parecer completamente sem sentido perguntar qual renda básica afinal veremos acontecer senão uma renda básica universal. Mas entre o ideal tão absurdamente óbvio que mal pode ser renegado sem decair em argumentos desumanos ou racistas, e a sua realização, há mais que obstáculos, mas visões de mundo tão distantes e apartadas por muros e fronteiras quanto os centros do mundo e suas periferias marginalizadas e refugiadas.

E espero estar errado, mas vejo uma certa ingenuidade e até promiscuidade entre aqueles que defendem a renda básica onde faltam liberdades políticas e civis consolidadas, mas também quanto a instrumentalização neoliberal da renda básica como programa compensatório de um processo mundial de precarização de direitos trabalhistas. Mas se eu não estiver errado, esta nova etapa do processo global de divisão do trabalho só fará aumentar ainda o abismo gigantesco da exploração que divide os povos e nações pobres dos ricos.

Não, não vejo uma renda básica para todos. Não todos nós. Não a vejo vindo ou sendo sequer pensada justamente para quem mais precisa dela. Para quem está morrendo ou sendo escravizado e alistado pela criminosa privação de nascer sem o básico para sobreviver. Não, não vejo a renda básica sendo paga para os que sofrem com a predação e extermínio dos recursos naturais e humanos. Não a vejo nenhum projeto de restituição deste direito onde sua foi e é a mais brutal e primitiva, tanto quanto pode ser a pilhagem da civilização sobre o bem comum dos povos e territórios colonizados ou ocupados. Vejo guerras, vejo invasões e refugiados. Mas não vejo projetos de renda básica universal.

O que vejo é governos indo às últimas consequências para controlar os recursos naturais e sobretudo humanos. E depois disto, o ápice da distopia global: a burguesia que vier a prevalecer desta batalha nos países ricos somada aos seus feitores nos país pobre desfrutando do direito ao ócio garantido pelo usufruto do seu bem comum e dos outros, e o resto dos povos do mundo convertidos numa grande senzala, num grande campo de concentração, onde a riqueza cultural e natural do mundo irá desaparecer numa velocidade ainda maior do que já acontece hoje.

Vejo uma renda básica sim, mas os todos de sempre. Apartados por fronteiras e preconceitos. Vejo rendas básicas vindo, mas não renda básica verdadeiramente universais, ou abertas a universalidade, mas rigorosamente nacionais, e fechadas às cidadanias nacionais e fronteiras territoriais. Uma renda básica conceitualmente tão presa e limitada por muros e cercas, tão cega e alienada da realidade do mundo, tão apartada da humanidade quanto nossas próprias nações.

Sei que minhas dúvidas e questionamentos também podem parecer absolutamente despropositados e inconvenientes, principalmente para aqueles que servem ou estão encerrados no arcabouço dos estadismo e nacionalismo. Mas pretendo demonstrar que minha crítica à concepção estato-nacional de uma renda básica tem mais que um propósito, ela é a introdução da proposição, tanto de um novo modelo de renda básica, quanto de outra concepção adequada a sua realização.

Este artigo marca, portanto, nossa ruptura não com os parceiros e amigos, mas com os velhos modelos e posturas. É a apresentação das novas definições de renda básica que adotaremos a partir de agora e que pretendemos usar nas comunidades que viermos a implantar uma renda básica incondicional e verdadeiramente voltada à universalização, livre de fronteiras geopolíticas e, de fato, sem nenhum tipo de discriminação entre os seres humanos.

Assim, se já havíamos rompido com as posições passivas das velhas concepções de renda básica que pareciam dispostas a esperar a vontade política e governamental até o fim do mundo e a ressurreição dos mortos, agora nossa desruptura é com as velhas concepções da renda básica. Eis a nossa nova proposição de renda básica universal.

Renda Básica: Definições

Uma renda básica, por princípio, não pode estar submetida a nenhum tipo de discriminação. Logo por definição não pode comportar nenhum tipo de segregação não apenas de raça, sexo, idade, credo, mas também de nacionalidade ou territorialidade. Em outras palavras, a universalidade, simplesmente, não pode estar submetida a estadismos ou nacionalismos. E isto deve estar explícito.

A definição de uma verdadeira renda básica deve objetar todas formas de distinção inclusive de nacionalidade, cidadania, territorialidade ou morada—não importa a instituição que cumpra este dever, nem a abrangência da sua atuação. E isto significa, na prática, que o sistema de pagamento não pode, portanto por definição:

(i) excluir absolutamente ninguém dentro da área de abrangência compreendida pela sua atual capacidade;

(ii) (ii) se fechar a nenhuma determinada localidade. E, logo, tem por dever atender igualmente a todas as pessoas dentro dos territórios controlados por seu sistema monetário e de capitais, conforme as privações geradas e valoradas através do custo de vida.

Quem detém, regula ou se beneficia do bem comum como capital monetário tem como sua obrigação humanitária dispor e financiar o sistema de pagamento da renda básica dentro da abrangência dos seus sistemas monetários na exata proporção e medida que reificam a natureza desses territórios como capital.

Mesmo uma renda básica alternativa ou complementar, isto é, instituída tão somente com recursos particulares e que, portanto, não tem por obrigação atender ou expandir constantemente sua abrangência de modo a atender a todos, não pode estabelecer:

(i) impedimentos ou restrições discriminatórias para que qualquer pessoa dentro abrangência possa aderir ao sistema de proteção mutual em conformidade como termos dessa sociedade livre

(ii) (ii) nem limites baseados em territorialidades ou localidades (mesmo estes não sejam geopolíticas) para impedir sua expansão para quem cumpre o necessário para tomar parte dessas sociedades.

Logo, o único compromisso que tais sociedades mutuais de renda básica podem exigir como dever é aquele estritamente necessário para a constituição do capital que financiará a participação igual de cada um no mesmo: a contribuição acertada em comum acordo entre os participantes. E embora contribuições equitativas para o estabelecimento de uma renda básica igual para todos sejam o arranjo mais justo, o que determinada as contribuições e rendas básicas é o comum acordo entre todos participantes e ninguém mais.

Assim sendo, uma renda básica é um montante de dinheiro pago igualmente a todas pessoas inseridas em sistemas monetários capitalistas pelos detentores econômicos e controladores políticos dos recursos naturais como dividendo social inalienável referente à participação de cada uma delas nestes bens comuns capitalizados e jamais inferior ao custo de vida. Montante esse complementado (se necessário) por contribuições particulares voluntárias, estabelecidas em regime de mutualidade com termos e valores definidos consensualmente pelo comum acordo de todos os participantes.

A renda básica é definida:

i. obrigatoriamente pelos rendimentos disponíveis das propriedades públicas ou comuns, sendo, portanto, um direito de toda pessoa humana, de sociedades capitalizadas.

ii. complementarmente pela contribuição voluntárias de particular via associação de proteção mútua, ou seja, como direito de participação somente daqueles que constituem em sociedade esse capital.

O rendimento do bem comum é, portanto, inalienável. Claro que ninguém pode ser obrigado a receber sua parte contra sua livre vontade, mas não existe renuncia permanente sobre ela, nem mesmo explicitamente consentida, podendo a qualquer tempo ser requerida. Logo qualquer contrato social de apropriação, renúncia ou transferência desta participação é nula pois constitui-se como contrato de escravidão da pessoa e seus eventuais descendentes.

Já a contribuição particular como é definida pelo contrato social dessas sociedades mutuas, cabe aos participantes decidir em comum acordo decidir o valor pretendido e a contribuições necessárias. Como a participação de cada um é voluntária e os recursos particulares, a quem não interessar tal acordo é livre abandonar a sociedade e fundar concorrente.

Universalidades

Por definição, a renda básica não precisa atingir a totalidade do mundo, mas precisa estar por princípio aberta a todas as pessoas que estiverem ao seu alcance. Ou seja, não pode ter nenhuma preconcepção de totalidade menor que a humanidade. Se A recebe e B não é porque em tese, preconcebidamente, A possua qualquer distinção de pertencimento, mas porque, na prática, o sistema de pagamento, o programa de proteção social não consegue de fato chegar até ele. Pois se consegue, isto é, tem meios e recursos para fazê-lo, e não o faz, mesmo que em tese seja aberta e abrangente.

Não importa que instituto governamental, ou não, que se proponha a realizar este direito, ele não pode descriminar nem segregar nenhum ser humano ao alcance do sistema de pagamentos, nem que ele viva na lua ou seja um marciano. Se o sistema de capitais chega até lá, então quem vive neste território tem direito inalienável a uma renda básica sobre eles.

Ou seja, se uma vida humana fosse descoberta na lua, essa pessoa teria absolutamente os mesmos direitos humanos incluso a uma renda básica que os terrestres. O dever destes terrestres é que estaria delimitado de chegar até a e claro pagar o suficiente para se sobreviver lá.

O direito à renda básica corresponde ao usufruto de uma herança comum não apenas como patrimônio natural, mas humano. Qualquer membro da família tem os direitos de propriedade e renda exatamente como qualquer outra pessoa que, embora bastarda, descubra-se filha da mesma família.

A reserva do possível não permite a extinção, protelação, condicionamento ou segregação de nenhuma pessoa dotada do igual direito à vida e liberdade dentro da abrangência de um sistema de garantia do mínimo vital. A reserva do possível delimita tão somente as quantidades distribuídas e o próprio potencial de alcance do sistema que não pode, jamais, estar restrito ou fechado as possibilidades atuais, mas em permanente ampliação tanto de valores quanto de recursos conforme a disponibilidade recursos.

Por razões supostamente pragmáticas, admite-se que a definição de uma renda básica esteja submetida a menos uma condição: a geopolítica. Como se a existência de um Estado-Nação fosse uma condição absolutamente imprescindível para que o direito a uma renda básica seja realizado. Não o é. E nem pode este direito natural primordial estar submetido a nenhum outro interesse estatal ou nacional. Mas é dever dos Estados legítimos garantidos como cumprimento do contrato social não apenas por razões humanitárias, mas por necessidade a instituição dos estados de paz.

O direito a uma renda básica antecede e prescinde o Estados e nações. Não carece necessariamente do aparelho estatal para ser concretizado. De fato, não é a renda básica que carece de submissão ao estadismo, mas os estados de direito da observância da garantia da renda básica para todos os povos que eles atingem direta e indiretamente não só para manterem a mínima legitimidade, mas para não cometerem um crime contra o resta da humanidade que expropriam.

Uma sociedade ou nação que se estabelece seu Estado, ocupação territorial, ou empresarial com o subsídio de monopólios da violência não o faz com nenhum direito, mas pela supremacia da força e com legítima defesa pode ser detida por aqueles que estão privados do igual direito à vida, liberdade e suas propriedades comuns.

É fundamental que a precedência deste direito fundamental esteja devidamente explicitada em uma definição que não submete nem reduza a renda básica às limitações segregadoras geopolíticas. Não só deve estar claro que a legitimidade dos contratos sociais depende do respeito da garantia e respeito a esse direito natural derivado da posse do bem comum, quanto a definição deste direito enquanto dever estatal não pode jamais estar condicionado às preconcepções de nacionalidade ou territorialidade.

Nenhuma comunidade política do planeta, nenhuma sociedade ou Estado que tenha a hegemonia econômica ou o monopólio da violência sobre um ou mais territórios tem o direito de excluir nenhum ser humano ou povo da sua participação na natureza e seus recursos na exata medida das suas necessidades vitais.

Aqueles que detêm o controle dos recursos naturais e bens comuns, seja de forma privada ou estatal, têm, portanto, a responsabilidade não apenas social, mas antes de tudo humanitária de ou não impedir o acesso e usufruto daqueles que carecem desses meios vitais para viver ou prover o equivalente a essa necessidade. Isso não é caridade, isso é um dever de paz. Dado que a todo ser é guardado o direito natural de lutar com todos os meios pelo acesso e preservação dos meios ambientais e vitais necessários à sua sobrevivência em liberdade.

Não é, portanto, a renda básica que deve estar submetida aos velhos Estados-Nações e suas fronteiras discriminatórias e segregadoras. Mas os novos Estados de direitos e nações cosmopolitas que devem respeitar e garantir os bens e direitos comuns e naturais aos povos e nações que coexistam em paz num mundo que cada vez mais é um só.

A renda básica universal não deve ser confundida com a concepção de uma renda básica global ou mundial, nem mesmo nacional. Pelo contrário, ela deve ser uma rede composta de tantas comunidades interligadas sobrepostas sobre o mesmo território quanto as próprias sociedades abertas que impedem pela distribuição igual de recursos e forças que qualquer projeto totalitário prevalece sobre a liberdade. Esteja essa rede distribuída sobre um lugarejo, uma nação ou sobre toda a Terra, deve não só abranger todo um território, mas por definição permanente, ultrapassá-lo conceitual e factualmente, crescendo organicamente junto com a humanidade em rede.

Uma renda básica não pode estar delimitada nem submetida pelos limites preconceituais do sistema que a fornece ou nunca compreenderá a humanidade, nem em tese, nem de fato. Não é porque estamos presos aos estados físico, legal e conceitual que não devamos constituir sistemas livres e sustentáveis que ultrapassem suas fronteiras. Nossos limites não devem ser os preconceituais, mas sempre o da nossa capacidade atual de realização da plenitude do nosso potencial e vocação humana. Logo, tais limites práticos da renda básica não podem ser definidos por nenhum tipo de definição excludente, mas por contingências, limites não estabelecidos por definição, mas cuja superação esteja devidamente prevista pela própria definição e a proposição de sua prática.

Logo, a definição deve servir de orientação aos realizadores tanto no sentido de apontar quais são as características fundamentais que o ato precisa, tanto como seus pilares quanto seu céu. Ou seja, precisa dizer quais são os princípios que sob hipótese ou condição alguma devem faltar, e quais são essas constantes que efetivam o pagamento uma renda básica, ainda que imperfeito. Assim considerando que a renda básica é o ato que busca garantir a igualdade de liberdade sem nenhum tipo de discriminação, o seu pilar fundamental é a incondicionalidade e a universalidade seu céu, garantido justamente pela compreensão de que o respeito constante à incondicionalidade como princípio é universalidade objetivo que norteia permanentemente o caminho para a consecução em todo o tempo.

É claro que a não observância destes fatores determinantes não anula o valor de nenhuma ação que é sempre maior que qualquer tese ou projeto de papel. Mas a questão é justamente essa: o sentido da teoria não é classificar ou valorar, mas ser a constante orientação para formulação das práticas.

Contingências

Uma renda básica deve pagar mensal semanal, ou anualmente. Qual a sua regularidade? Qual é o valor ideal da renda básica? Como se calcula? Por quanto tempo? Todas essas são questões importantíssimas que precisam ser definidas para que a renda básica possa se concretizar de fato em qualquer lugar. Mas a pergunta é: Quem é define isso?

Esses fatores também pertencem à definição da renda básica, mas não como predefinição autocrática de terceiros, mas como objeto de livre e comum acordo entre os participantes desse contrato social e somente entre eles- seus responsáveis e beneficiários, sejam eles as mesmas pessoas ou não.

Ninguém pode ser obrigado a participar com seus recursos particulares (tempo ou dinheiro) do pagamento de renda básica, seja pagando, seja recebendo, seja tomando as decisões necessárias para fazê-los. E mesmo o que ele tem a receber se refere à participação nos dividendos comuns se pode obrigar uma pessoa a aceitá-la. Porém, essa recusa ou ausência de interesse manifesto de participar tanto economicamente quanto politicamente das decisões referente aos seus direitos comuns não significa renúncia. Toda renúncia a essa participação é nula. Assim como toda apropriação desta participação pelos demais é sempre indevida. Manifestos, ou não, os direitos políticos e econômicos de participação no bem comum permanecem.

Pelo mesmo princípio da inviolabilidade da propriedade e liberdade, no que se refere ao patrimônio comum, ninguém pode se apropriar ou expropriar ninguém desses direitos de participação, mesmo que ele não manifeste interesse ou não seja capaz de fazê-lo, ou até mesmo renuncie explicitamente a eles. A participação (política e econômica) do outro no bem comum é inalienável e continua pertencendo tão somente a ele. É irrelevante se ele é uma criança, um incapaz ou um adulto alienado, seus direitos econômicos devem estar sempre preservados e disponíveis. Assim como o espaço para o exercício dos seus direitos políticos sempre abertos para que sempre que queira, tome posse e exerça sua participação.

Logo, todas as pessoas têm direito a uma renda básica, mas pessoas adultas, capazes e emancipadas têm direito também de decidir em comum acordo os termos de como receberão e a pagarão tanto voluntariamente aquilo que corresponde a suas propriedades particulares, quanto obrigatoriamente aquilo que é devido igualmente a cada uma delas como dividendo comum.

Condições e Incondicionalidades

A observância das possibilidades que delimitam a realização das necessidades é fundamental para sair das utopias, mas a incorporação destas limitações contingenciais à definição não apenas fazem da renda básica ideal uma eterna promessa de paraíso, mas a destroem imediatamente com ato de libertação.

Se por alguma razão uma pessoa ou comunidade não toma parte das decisões fundamentais sobre os termos que definem sua renda básica, isso não retira delas esse direito igual participação política e econômica.

Trocando em miúdos, a emancipação política participa da definição da própria assim como a universalidade. Se A decide como deve ser a renda básica e B não, isso não pode participar da definição da mesma, mas, pelo contrário, mais uma vez esta definição deve se manter aberta e garantir a todo e qualquer tempo que B, assim que manifeste sua vontade e capacidade de fazê-lo, participe destas decisões democráticas que definem a concretude da sua renda básica.

Ninguém que queria realizar algo deve esperar quem não quer fazer nada para dar o primeiro passo. Esta pessoa que assume sua responsabilidade social e humanitária voluntariamente precisa obviamente definir de acordo, não só com suas próprias capacidades de concepção, mas também de realização os termos desta renda básica aplicada, mas jamais poderá fazer destes termos a predefinição que delimita o direito de tomada de decisão e definição dos demais.

Quem define uma renda básica, seja em conceituação, ou de forma aplicada, simplesmente não pode fazer dessa condição parte de uma definição de renda básica autocrática e autoritária. Não pode usar da sua condição para subtrair dela seu caráter libertário e democrático. Pelo contrário, tem que prever na mesma esses princípios e dispositivos de modo que a constituir de fato a definição da renda básica.

A livre iniciativa e livre associação são princípios fundamentais à concretização de qualquer nova realidade, porém não há razões para quem voluntariamente se coloca como a vanguarda deste processo impedir ainda mais que as pessoas tomem, a qualquer tempo, o controle dos direitos políticos e econômicos e passem a decidir democraticamente sobre os termos da sua renda básica.

Colocar o que poderia ser objeto a qualquer tempo de próprio-concepção comunitária com predefinição autocrática não é apenas desnecessária, é pernicioso. Não é criar uma teoria de renda básica como norte à emancipação de quem deseja a universalidade, mas desenvolver instrumentos teóricos de dominação de quem, porventura, tenha o controle e o poder sobre essas predefinições, fechando as portas não apenas à libertação, mas à universalização da renda básica, inclusive, como uma prática e saber libertador.

Ora, a renda básica nos fala sobre direitos que não podem ser jamais subtraídos de fato, então como pode conseguir ser a significação deste ideal se sua definição é a contradição disto?

A navalha de Ockham, portanto, precisa estar afiada, muito bem afiada, para a realização da renda básica. Essa definição é necessária ao pagamento? Não? Então corta. Tem uma forma mais fácil de fazê-lo? Então é essa.

A condição, sobretudo a tácita, implícita na definição, é fatal à realização da renda básica. Porque o condicionamento não apenas estabelece relações de poder, mas reforça as autoridades que ensejam as privações de direitos dos excluídos, e os privilégios políticos e econômicos daqueles que controlam os sistemas como autoridades a começar do saber. Logo não basta apenas afirmá-la democraticamente aberta a todos, é preciso manter os objetos necessários a essa autogestão democrática de fato de definição e decisão dos participantes.

Uma renda básica demanda igualdade de liberdades fundamentais e, portanto, igualdade de autoridades sobre propriedades comuns de onde estas liberdades derivam como usufruto, e, portanto, o fim das desigualdades que originam e sustentam as privações. A existência delas não é, portanto, admissível como predefinição conceitual, mas ao contrário deve estar prevista como obstáculo a ser extinto pela conquista do possível através da projeção desse ideal.

Na prática, uma autoridade que defina ou controle uma renda básica interessa onde ninguém está disposto, ou seja capaz de fazê-lo, mas não mais onde as pessoas são capazes de fazê-lo por conta própria. Uma definição que interessa a todo tempo, é, portanto, aquela pratico-teórica que comporta as livre iniciativas e demanda delas a previsão de plena emancipação política e econômica pela transferência de todos os termos autocraticamente definidos aos iguais.

Aliás a autoridade intelectual ou política que deseja garantir uma renda básica sem entender que as garantias de liberdades fundamentais de fato, querendo ela ou não, vão gerar a emancipação política e cultural e, consequentemente, a extinção das suas prerrogativas, não entende o que é a renda básica e como o desenvolvimento humano floresce com naturalidade onde não há privação e carestia. Ou não deseja verdadeiramente garantir uma renda básica.

Práticas e Experiências

Uma experiência da renda básica é válida, portanto enquanto processo de aprendizado, mas sobretudo para as pessoas que carecem do saber como emancipação. Uma experiência de renda básica não deve estar dentro apenas de preceitos humanitários de respeito à dignidade do outro como igual. Deve estar dentro de uma experiência pedagógica onde o objetivo ainda é o mesmo: a emancipação da pessoa que antes privada deste direito agora o recebe, e através dele se afirma. Ou seja, as pessoas que recebem uma renda básica não podem ser jamais meras cobaias de uma política econômica, elas têm que ser o sujeito deste aprendizado. Devem participar e se apropriar deste conhecimento.

Quanto ao tempo desta experiência, este é outro fator que responde ao princípio do respeito a consensualidade. E pertence, portanto, ao acordo entre as partes no que se refere aos recursos particulares. E no que se refere ao bem comum, não cabe nenhuma restrição consentida pelas partes. O direito não cessa, nem é preterível. Devendo portanto ser restituído o mais urgente possível e mantido permanentemente.

Isso não significa que uma renda básica que não seja garantida, que, por exemplo, uma experiência não seja uma verdadeira renda básica, isto demanda que a experiência deve respeitar esse princípio o objetivo a realização deste ideal. A experiência de uma renda básica pode durar quanto tempo for o acordado entre as partes, mas deve ter por objetivo nada menos que instituir a renda básica de forma permanente.

É evidente que, mesmos em acordos particulares o pagamento da renda básica deve possuir a regularidade e garantias mútuas necessárias, de que não será eventual ou isolado. Uma experiência pode fracassar, a renda básica pode vir a ser interrompida sem antes conseguir construir ou apontar para um modelo sustentável, mas se não for projetada para durar por tempo indeterminado, mesmo que seja o maior tempo possível, consistirá numa experiência e não propriamente num modelo de renda básica aplicado.

Contudo é importante entender que antes de ser experiência ou até mesmo um modelo. A renda básica precisa ser, sobretudo, tudo uma atitude.

A realização da renda básica, de fato, não precisa de mais do que uma única pessoa capaz de reconhecer na outra o seu direito igual a vida e liberdade. Não precisa de mais do que a relação entre duas pessoas com humanidade para dar e receber sem esperar nada em troca. Nada além da consumação do que já são iguais como humanos.

Toda a sistematização para comunidades, nações, planetas, da renda básica se desenvolve a partir desse átomo, e precisa se multiplicar sem jamais quebrá-lo. Ela é o ato que se confirma em atitude. É um fundamento ético. Seguindo pelo mesmo impulso civilizatório, ou melhor, humanizante que leva um ser a não violentar outro. Não é um favor, é uma declaração em ato de que tipo de ser humano somos e que tipo de humanidade queremos pertencer, independente se vivemos cercados ou não por desinteligência e insolidariedade.

Logo, mesmo que não houvesse nenhuma propriedade em comum, a comunhão da renda básica poderia ainda se constituir sem precisar de nenhuma outra razão senão a consideração que uma pessoa tem por toda e qualquer outra pessoa como absolutamente igual a ele em humanidade. Não importa sua origem, condição ou autoridade, para uma iniciativa de pagamento de renda básica válida surgir, tudo o que é preciso é o reconhecimento de uma única pessoa da sua responsabilidade social e humanitária para com o direito à vida de outra pessoa. Esta pessoa não precisa ser completamente estranha a ela, mas essa renda básica tem que ser tão somente o reconhecimento dessa igualdade de humanidade no outro.

A renda básica é sempre uma comunhão entre iguais ainda que em diferentes em condições. E o montante dos valores pagos e recebidos por cada membro dessa comunidade não é definido senão por eles, no acordo entre o que cada um pode pagar e o que todos os outros consideram como minimamente digno e relevante receber.

Ainda que um só contribua ou outro só receba, ou até mesmo que não haja nenhum compromisso de reciprocidade de quem hoje não pode contribuir em fazê-lo no futuro, a renda básica se confira como tal enquanto o ato persistir: um ser humano garantido voluntariamente a tantos outros quanto puder seu direito a vida em liberdade sem esperar ou pedir nada em troca deles.

A renda básica é a afirmação da nossa identidade e direitos humanos, da nossa igualdade e liberdades inerentes e inalienáveis através da única forma que é possível fazê-lo de fato e em plenitude de sentido, na relação solidaria com o outro. Não a relação intelectual e abstrata, mas sensível e repleta da significação que só a concretude do ato é capaz de conferir.

Renda básica não é um "tomará que um dia sejamos todos realmente livres". É a mão que se levanta e estende pela humanidade onde ela existe não como abstração, mas como fenômeno de carne e osso e sofrimento, na carestia de outro ser humano ao alcance dela. O resto é hipocrisia.

Importâncias

A renda básica não é, portanto, um sistema, ou programa governamental, mas antes de tudo um compromisso humanitário do ser humano para com a humanidade real, o outro ser humano e que se institui, portanto, de acordo como esse princípio fundamental de pessoa para pessoa livres e iguais, até a rede do infinito potencial da livre vontade, viva, solidária e inteligente.

É um princípio de humanidade que não deriva nem se submete a abstrações ideológicas. É a afirmação em ato da sua liberdade, igualdade e humanidade da única forma que elas podem existir como fenômeno integrado e complexo, de fato: na livre comunhão de paz com outro. Não meramente a afirmação em ato do nosso respeito à vida e liberdade que vai além de não matar e escravizar, ou não tomar exclusivamente para si aquilo que também pertencem aos outros, mas a negação do absurdo, a negação em conviver com a morte de outras pessoas pela razão absurda dela não ter como sobreviver.

A renda básica é um pagamento que não segue a regra de ouro de fazer aos outros que gostaria que eles fizessem por você. É a regra de fazer aos outros o que precisam não de acordo com o que você quer ou supõe necessário, mas de acordo com o que eles gritam que precisam, mesmo quando não podem dizer uma única palavra.

E se o que você tem a dar não é suficiente, ou não é o que eles querem? Se você não os alcança, nem você pode estender mais a mão. Estenda sua mão para outro. Sempre há alguém que precisa do que você pode dar, por menos que seja. Não há mão sensível cuja oferta não tenha demanda, infelizmente, não há contribuição que não seja significante para quem mais precisa. E isto acima de tudo faz a renda básica urgente... há séculos.

Os teóricos estão ainda muito preocupados com o quanto. Mas mais importante que o quanto é pagar o que é devido a todos e o que pode a quem mais precisa para que essa dívida comece a ser permanentemente quitada. Até porque não importa a carestia, quem tem que definir a quantia suficiente nunca é quem teoriza, mas quem vai receber e quem se dispõe a pagar. É, acima de tudo, quem precisa que sabe que cada centavo pode fazer a diferença. Ademais, não interessa se os tecnocratas e burocratas e políticos e intelectuais consideram que um determinado valor é insuficiente para estabelecer uma renda básica.

O bem comum não pertence a eles para decidir se a renda básica será paga ou não. Aliás, essa definição não pertence a ninguém, o pagamento desse dividendo não é objeto de discussão, é dívida e paga-se com o que se tem. Da mesma forma, a definição de significante sobre contribuições particulares não é da conta deles e sim de quem vai pagar e receber a renda básica, a menos que queiram negociar democraticamente qual é o tamanho da contribuição que desejam fazer e qual renda básica acham justa ou possível pagar.

Em outras palavras, não é a ética da ação humanitária que deve estar condicionada às teorizações ou seus julgamentos de valor, mas as teorizações que devem observar os fundamentos dos atos e práticas sociais e humanas se quiserem possuir o mínimo de veracidade e legitimidade.

É por isso que os governos que renegarem a renda básica alegando não haver recursos suficientes estão simplesmente confessando seu crime contra humanidade. Pois mesmo se não houvesse (o que é mentira) recursos para pagar nem mesmo o mínimo necessário para cada ser humano enquanto proprietário do bem comum, ele deveria estar recebendo um centavo que fosse destes recursos. Na verdade, eles não precisam alegar nem confessar nada, a privação do mínimo vital e carestia de um único ser humano frente a um Estado que tenha um orçamento de um centavo já é a prova desse crime de roubo e extermínio.

Quando os Estados e suas corporações privadas, de fato, consumirem todos os recursos naturais e destruírem todos bens comuns, será a falência criminosa destas instituições que deverá ser decretada, e não a consumação definitiva da privação e expropriação dos direitos de propriedade natural e liberdades fundamentais.

Propriedades

A renda básica não pode ser, portanto, objeto de nenhum tipo de contribuição compulsória, não é nenhum tipo de compensação pela posse de propriedades particulares, pois, em princípio, quem possui uma propriedade particular não tem obrigatoriamente que compensar ninguém, porque não necessariamente a posse privada, ou mesmo coletiva, priva os outros do que também lhes pertence naturalmente por necessidade vital. Somente a propriedade, seja ela particular ou coletiva, que priva os demais das condições necessárias à sua subsistência pacífica e direta da natureza exige essa compensação financeira obrigatória, que, como dissemos em sistemas capitalista, é monetária.

A propriedade de paz do bem comum não se define como posse de tudo por todos, como a posse de nada por ninguém, muito menos como apropriação de quem quer que chegue primeiro ou seja mais forte para tomá-la dos outros. Não é um recurso de ninguém em particular, nem de todos em geral, mas de todos que precisam dela e de qualquer em particular que dela se aproprie em paz, ou seja, contra a violência, inclusive como privação deste direito de posse como usufruto de acordo com a necessidade vital.

Logo a posse privada não precisa ser sequer econômica ou socialmente produtiva, tudo que ela precisa ser em estado, de fato, de paz e garantia reais de direitos é pacifica. Da mesma forma que a posse é antes de tudo um dever de preservação desse bem e seu usufruto comum de acordo com a necessidade e particular de acordo com acordos de paz e disponibilidade de concorrência pelos excedentes.

Já convertida a lógica dos capitais, a propriedade privada não pode ferir o usufruto da comum. E a propriedade comum não pode destruir esse patrimônio fonte da posse apenas como usufruto a medida que é não pertence jamais a um indivíduo, classe, espécie, gênero, sequer gerações em particular, mas é herança natural permanente de todos seres vivos sejam eles humanos ou não.

Assim a renda básica é, dentro do universo das leis de Estados e mercados sobre o capital, não propriamente uma compensação daqueles que detêm o que deveria ser público. É, por justiça, exatamente o contrário, são os lucros e rendimentos particulares sobre bens comuns o resultado da distribuição do excedente aos administradores públicos e privados dos bem comuns pelos proprietários do território, os cidadãos, após a distribuição dos seus devidos dividendos sociais. E o que cada um destes cidadãos faz com suas posses particulares é absolutamente da conta de cada um deles enquanto permanecer em paz com os demais.

Entretanto não importa se o capital que controla um recurso natural seja internacional, nacional ou o próprio Estado, ou até mesmo uma futura sociedade livre, esses controladores estatais e privados ou sociais do capital permanecem com a obrigação de pagar os dividendos às demais pessoas que vivem neste mundo e que têm tanto direito de coexistir e participar dele quanto eles.

Essa posse político-econômica não é, portanto, alienável, nem é absoluta, mas sim determinada pela sua preservação desse capital e seus rendimentos a todos. Qualquer contrato social que institua a renúncia a esta posse e dividendos sociais sobre ela é nulo. Não apenas porque é um contrato de privação de liberdades, mas de posses que não pertencem exclusivamente a um só povo ou geração para se desfazer deles ou destruí-los, mas somente enquanto direito de usufruto e preservação ao que pertence sempre as gerações que estão por vir.

A vida e o mundo pertencem à vida, pertence aos que vão nascer e não aos que vão e têm medo de morrer. Ninguém tem o direito de parar e encerrar nenhum universo à sua existência isolada.

Consensualidades

Uma renda básica é sempre um ato de comunhão consensual. Não importa que ele não o ideal, a saber: todos recebem igualmente e contribuindo equitativamente para uma mesma renda básica. O importante é o consenso entre aqueles que pagam e recebem e a liberdade constante de separação e formulação e sociedade concorrente nos termos que atendem às expectativas dos seus constituintes.

A renda básica que se faz alternativamente ou complementarmente com os recursos particulares não pode jamais ser instituída contra a vontade dos participantes. Porém, a principal, que é devida como rendimento comum a todos, não pode ser negada a ninguém por nenhuma sociedade ou estado de paz, sob pena de ver os excluídos com legitimidade renunciarem a esse contrato social e passarem a lutar pela sua subsistência contra as privações e violações dos seus direitos naturais.

Ela é, portanto, uma obrigação humanitária que existe antes e permanecerá mesmo depois ou se os Estados-Nacionais desaparecerem. Assim como é uma responsabilidade voluntária das sociedades de paz, não como princípio de moralidade, mas como garantia da segurança e justiça não como Estado de repressão, mas Estado de certeza de que ninguém precisa usar da força bruta para obter sua sobrevivência. E se o faz, portanto como violência e não com legitima defesa.

Verdadeiras sociedades ou Estados de paz não se estabelecem por prerrogativa nem monopólio de violência, mas por proteção mutua contra a violência e privações primitivas. A propriedade legitima estabelecida por contrato social de paz, se estabelece entre pessoas livres e iguais como reconhecimento e proteção recíproca de interesses particulares e comuns. E ninguém pode subtrair ou manter com violência e coerção a propriedade particular de ninguém nem a comum de todos.

Os monopólios estatais e privados que não assumem ou não cumprem sua obrigação de pagamento da renda básica não estão, portanto, sendo omissos, mas criminosos. Não só estão roubando aqueles que expropriam, mas quebrando o contrato social de paz fazendo uma declaração tacitamente de guerra contra todo o resto da humanidade a que privam do seu mínimo vital.

Exigir que eles paguem a renda básica ou restituam o que é devido não só a nós, mas a todos seres humanos, faz parte da nossa obrigação civil e humanitária. Porém pagar ou trabalhar para estabelecer ou sustentar sistemas alternativos ou complementares, projetos-pilotos ou experiências, não.

Essas iniciativas solidárias ou mutualistas não são obrigação de ninguém, mas nem por isso são ações caritativas. Pagar uma renda básica onde ela mais é mais necessária ou onde ela não é suficiente, jamais poderá ser uma imposição, mas será o diferencial das sociedades capazes de coexistir em paz.

E é dessas sociedades que sempre dependerá o mundo nos momentos de maior crise econômica e humanitária e carestia (seja ela natural ou artificial) para que não decaímos em conflitos generalizados pela sobrevivência e recursos, nem presos eternamente a Estados centralizadores que se sustentam sobretudo por coerção violenta dos povos, classes e pessoas excluídos e marginalizadas até a sua morte.

Conclusão

Se pensarmos que temos a renda básica suficientemente idealizada e definida, e que tudo o que nos falta agora é colocá-la em prática e esperar que os governantes e sociedades se convençam de quão essa utopia é realista definitivamente precisamos pensar melhor não só sobre a renda básica real, mas que realidade é essa que estamos vendo ou querendo.

A renda básica é um montante igual de dinheiro pago consensualmente e incondicionalmente por quem detém de fato o bem comum como capital para todas as pessoas sem nenhuma distinção (inclusive nacionalidade ou territorialidade) e dentro da abrangência dos sistemas financeiras e monetários tanto como sua devida participação no patrimônio natural e humano enquanto garantia do direito de todos a uma vida em paz e igualdade de autoridade e liberdades fundamentais de fato.

Podemos até divergir quais são as propriedades comuns e rendas básicas que correspondem a essa liberdade real, e, portanto, isso deve ser objeto de acordos de paz e justiça entre as pessoas. Porém o que ninguém com honestidade intelectual tem como discordar é que não existe liberdade alguma, independentemente da quantidade de posses e rendas que as pessoas possuem, se elas estão submetidas a relações de poder e desigualdade de autoridades as quais não consente, mas é obrigada a se render justamente pela falta do controle suficiente sobre essas posses e rendas para se libertar do domínio e violação.

Posses e rendas gigantescas podem fazer da servidão um Estado bem confortável e até mesmo um prazer para alguns. Mas ainda assim será servidão onde a pessoa não tem o controle pleno dos seus bens particulares nem absolutamente igual dos seus bens comuns. Não importa o quão rico se seja, a ausência de plenitude de liberdade política e economicamente faz do indivíduo sempre um servo ou vassalo de quem detém o controla de fato dos meios vitais e ambientais.

A renda básica não é, portanto, propriamente um processo de redistribuição de riquezas, mas de distribuição igual de poderes e liberdades fundamentais fundador de estado de paz e justiça por garantias iguais de direitos naturais e humanos para todos e contra todas as formas de monopólio violento e privador.

Dentro da atualidade, a renda básica é, antes de qualquer outra coisa, o dividendo social devido pelos Estados, empresas e sociedades que detêm o controle dos recursos naturais a todas os povos e pessoas dentro destes territórios onde atuam e se inserem seus capitais como sistema político- econômico.

Podendo ser ainda o pagamento efetuado por sistema de proteção social mutual, alternativos e concorrentes e completares para cobertura dos custos de vida financiado pelas contribuições voluntárias dos particulares firmadas em comum acordo e conformidade ao seu contrato social.

Pode-se ainda dizer que a integração destes dois sistemas de financiamento comporia a rede de pagamentos de uma renda básica ideal provida pela somatória dos rendimentos comuns com os derivados das contribuições particulares. Inclusive, prescindindo de Estados monopolizadores e centralizadores à medida que não só a renda básica alternativa, mas a principal, poderia ser o meio de pagamentos tantos das contribuições voluntárias como obrigatórias e redistribuição da renda direta. Ou seja, poderia ser gerida por sociedades livres concorrentes. Mas isso já é quase uma outra história.

Considerações finais

Há, portanto uma distinção entre as concepções de renda básica de acordo com sua origem e preocupações. Uma vinda dos países ricos e centrais, que não escapam, nem quer escapar dos seus Estados-Nações que sustentam, custe o que custar ao resto do mundo seu bem-estar social. E outra dos países e povos e classes marginalizados dentro e fora dos territórios de dominação seja político sejam econômicos destes Estados.

A primeira tem o limite do para todos, nos nacionais, seus cidadãos ou no máximo para aqueles que vivem (legalmente) dentro das suas fronteiras geopolíticas. A outra, universal, não se delimita a nenhum componente nacionalista ou territorial, mas tão são somente a sua própria capacidade tecnológica e financeira para expandir sua abrangência do sistema social e humanitário.

Na primeira, o universal é um ideal delimitado e fechado a cidadania e politicidade. Na segunda, o universal é um ideal aberto que se amplia de acordo com as possibilidades definidas democraticamente pelos povos e pessoas emancipadas enquanto dignitários dos seus próprios direitos e deveres.

Não há, portanto, apenas uma distinção prática e teórica, como supunha, mas sim concepções completamente diferentes de renda básica universal. Concepções tão apartadas quanto a própria ideia de universalidade e a humanidade pelas ideias de raça, origem e classes, gêneros e até espécies.

O universal é hoje, na prática, um conceito tão esvaziado quanto os próprios direitos humanos. Corre o risco de mais uma vez ser enterrado vivo pelas preconcepções nacionalistas, patriótica e xenófobas que ressurgem contra os efeitos colaterais humanista e cosmopolitas da própria globalização.

A universalidade, liberdade e igualdade não são ideais utópicos para o consumo do pragmatismo da realpolitik. São utopias para novos mundos e políticas sociais revolucionárias. São práticas tão subversivas e marginais quanto os próprios povos e pessoas que dela carecem e a colocam em praticam por necessidade e solidariedade.

A libertação das relações de poder e submissão. A igualdade de autoridade sobre bens comuns. Os direitos universais ao trabalho livre. Isso tudo, na prática corresponde aos ideais de direitos universais a vida e liberdade negados aos povos e pessoas marginalizados do mundo. E, portanto, ideias não propriamente irrealizáveis, mas malditas e sempre tão inoportunos quanto a resistência de quem não quer ser objeto dos outros.

Muitas outras formas de pobreza são bem mais tristes e urgentes que a intelectual, mas não há pobreza mais destrutiva que a dos ideais reduzidos a preconcepções. E hoje poucas ideias hoje estão tão empobrecidas e reduzidas quanto o da universalidade, igualdade e liberdade. A liberdade como poder de compra. A igualdade como cidadania política. E universalidade como globalização totalitária.

Há, portanto, não apenas uma diferença de prática e teses na renda básica, mas de definição entre a velha e as novas. As nacionais e as cosmopolitas, ou mais precisamente as rendas básicas que carecem da desigualdade de autoridades para que a renda básica seja concedida por governantes aos seus cidadãos civilizados pacientes e obedientes, e as rendas básicas que demandam o levante dos desiguais em liberdades fundamentais contra a as privações e violências sobre sua vida e dignidade.

O que é a renda básica sem essa luta contra a carestia e privação das liberdades? O que é a renda básica se não a luta pela conquista desse direito?

A renda básica não é nada, ou mais precisamente, não significa nada para quem tanto precisa dessas liberdades senão for a garantia de que humano estará mais, em hipótese alguma, privado do suficiente para sobreviver livre. A garantia não só que nenhuma pessoa não só não pode nascer privada dos recursos necessário para viver, mas como em nenhum em momento de sua vida será obrigada a servir ou morrer pela falta deles.

A renda básica quando é apresentada de fato como é ou deveria ser sem estar reduzida a mero programa governamental ou assistencial é um princípio humanitário tão evidente e inegável que é quase impossível se posicionar abertamente contra ela sem decair e expor preconceitos escravagista e eugenistas criminosos. Por isso é que fora proto-fascistas as objeções contra a renda básica sempre se resumiram na polidez: "é um ideal lindo, mas impossível: não há recursos".

Ou melhor, até 2008, quando, desde então, trilhões vêm sendo injetados para salvar bancos e Estados. E as pessoas acordaram finalmente para como seus governos gastam seus recursos com subsídios não ao mercado financeiro; multinacionais antiecológicas, guerras, armamentos. Sem falar em toda a corrupção que lubrifica essas máquinas monstruosas.

Hoje, está mais do que evidente que os recursos não faltam, eles sobram. Mas estão monopolizados e sendo aplicados em fins diametralmente opostos aos direitos humanos e interesses sociais. Isso deveria colocar os canalhas do mundo em xeque. Mas não podemos ser ingênuos, neste xadrez do poder os players nunca derrubam seus reis, eles põem fogo no circo e viram o tabuleiro antes que a partida acabe. Parece que o tempo corre contra eles que estão com em xeque. Não o tempo corre contra nós que nos consideramos libertários e humanistas.

Muito confortável foi o tempo em libertários humanistas podiam defender liberdades meramente negativas e direitos humanos sem nunca colocar a mão na massa. Em que se se aceitava que a declaração universal dos direitos humanos era um ideal em progresso, que era uma questão de tempo até que a "civilização" chegasse aos desprovidos deles.

A mentira reconfortante caiu. Pegamos nossos presidentes de Estados e empresas se refastelando com os recursos que faltavam aos outros e que não pertenciam a sequer a eles. E hoje é um momento dificílimo para quem prefere ainda bajular os poderosos esperando um dia pertencer ao clubinho deles conseguir fazê-lo sem mostrar seu rabo abanando. Como aceitar os argumentos deles que não há recursos? Se há (e muitas vezes nem escondido) na conta deles?

Nossos pais e avós tinham a desculpa da falta de informação para serem alienados. Qual é a nossa?

Em suma, como vamos fazer para continuar jogando seus joguinhos, respondendo seus questionários e suas objeções, quando o que falta a criança que morre de fome na África é o exatamente o recurso roubado que volta depois como uma mina terrestre ou a poluição do seu rio?

Sinto em dizer, mas se você não vive nos centros do mundo, então você é quem tem que sair do buraco por conta própria, ou esperar para vivar cobaia. Pedir a quem cavou ou ganha com isso, salvo exceções que confirmar a regra é inútil. A verdadeira renda básica é libertária em seu sentido mais profundo, é emancipação, político, econômica, cultural, uma conquista entre iguais em sofrimento e por solidariedade e não a graça ou benesse de nenhuma autoridade.

Não importa que podemos pouco, como disse, sempre há um peixe menor. Sempre há alguém mais pobre, mais preto e mais fodido para quem podemos fazer a diferença.

Não é só perfeitamente possível, mas o cominho necessário à liberdade e universalidade da renda básica constituir rede de comunidades livres e sem fronteiras, aberta voluntárias e espalha pelo mundo de forma tão abrangente múltipla e até concorrente quanto são nossas carestias. Delimitada, portanto apenas pelas suas capacidades financeiras dos integrantes voluntários dessa rede de solidariedade internacional para como de povos e pessoas, isto e nada mais.

Projetos e comunidades minúsculos, e até mesmo ações sociais individuais mais simples e modestas de pessoa para pessoa sem intermediários são universais! Devem sê-lo, se quiserem escapar do arcabouço autoritário das preconcepções e interesses geopolíticos e econômicos. Não é o tamanho das corporações e suas máquinas, mas a amplitude dos princípios e ideais humanitários que determinam o progresso da universalidade em direção a abrangência de toda humanidade sem preconceitos nem fronteiras.

Repousa sobre nós os que possuem menos tem em capital ou tem mais solidariedade, a responsabilidade pelo futuro dos povos e da humanidade. Porque o tamanho da vontade de mudar o mundo é inversamente proporcional os privilégios.

Cabe a nós ao menos tentar transformar pequenas ações e projetos nas fagulhas de uma rede de comunidades livre e interligadas. Cabe a nós que menos podemos pagar uma renda básica como podemos e a quem mais precisa. Se quisermos mesmo um dia uma renda básica para todos. Ou verdadeiramente incondicional para nós.

A renda básica deriva de propriedades naturais que podem ser apropriadas tanto particular quanto coletivamente desde que eles não destruídas nem impliquem na privação dos demais. A riqueza se constrói na disputa dos excedentes. O poder político e econômico pela imposição monopolista e destrutiva da pobreza.

Da árvore do bem comum só podemos colher os frutos e tantos mais quantos pudermos desde que ninguém fique sem o seu. Se infinito fossem seus frutos infinitas poderiam ser a desigualdade de riqueza, se não houvesse mais carestia. Porém onde a riqueza constituída pela destruição das arvores e subtração dos frutos dos demais, não há recursos infinitos suficientes para impedir que o homem destrua o próprio homem.

É desse direito de todos que deriva a renda básica a qual nós todos temos. Um direito de usufruto e preservação da árvore da vida e seus frutos.

Nós, principalmente ativistas que andam por todos os mundos, temos a responsabilidade humanitária de nos unir e cooperar para que a renda básica seja mais do que uma tese de universalidade, mas para que de fato chegue a todos pessoas povos e lugares esquecidos e condenados ao extermínio branco e silencioso. Porque a civilização e progresso sempre chegam, porém, nós sabemos, à custa do sangue e holocausto, de quem.

Mais do que nunca, precisamos de uma renda básica verdadeiramente para todos, aplicada e urgente. Mas, meu amigo, não espere por ela, levante e ande porque é justamente dos lugares onde mais se precisa de tudo que virá a verdadeira renda básica. Não pode ser diferente, senão dos olhos e mãos daqueles que não veem o outro senão como seu irmão.

Sofrimento é conhecimento. E o conhecimento verdadeiro humaniza e irmana para muito além das cercas e bandeiras e títulos dos homens de posses poderes e saberes.

Vai ser um longo caminho, mas as mudanças virão. Hão de vir.

POSFÁCIO

Em seu prefácio, em uma linguagem que me lembra a falecida Ursula LeGuin, Fabi Cecin escreve:

"Depois de ler o livro, eu posso ter entendido porque ele [Marcus] me convidou. Talvez ele tenha feito isso porque eu sou precisamente um ninguém. Como nos ensina Marcus, a salvação vem somente daqueles que precisam ser salvos. A Renda Básica global verdadeiramente universal, não discriminatória, baseada na solidariedade, será concebida, e depois será criada, paga e recebida pelas mesmas pessoas, que somos nós, os norteadores do mundo."

Brancaglione contesta o enquadramento recente da Renda Básica como uma resposta primária à precarização e desemprego tecnológico nos países ocidentais, quando os locais de necessidades são muito mais amplos e muito mais antigos: a injustiça histórica infligida às classes produtoras desde os primeiros dias do capitalismo, e o roubo, a escravização e o subdesenvolvimento forçado do mundo colonizado sob o imperialismo. A crise do subemprego e da precarização só agora pode estar chegando ao auge no mundo industrializado, mas o roubo e a redistribuição ascendente das classes proprietárias estão no coração do capitalismo há séculos, e mais ainda na periferia global do que no núcleo imperial.

"Não, meus amigos, a Renda Básica pode até vir para os cidadãos dos países desenvolvidos, mas para a base da pirâmide global não virá sem maciça unidade, solidariedade e luta pelos excluídos."

"Se queremos impedir que pessoas morram em barcos de refugiados, em fábricas, em guerras, em prisões, em todos os becos sem saída deste mundo, de onde só sai capital e trabalho e nunca em migalhas ocasionais, teremos que ascender e não apenas se tornar beneficiários de uma Renda Básica, mas criadores de uma Renda Básica que é verdadeiramente para todos, sem fronteiras, sem distinções nacionalistas ou territoriais."

Seu temor é que a Renda Básica seja adotada como uma medida para os brancos no Ocidente que não se estenda além de suas fronteiras fechadas, enquanto o resto do mundo sucumbe ao colapso econômico e à devastação climática e "o resto dos povos do mundo seriam transformados em escravos em um grande campo de concentração". Igualmente grande é o perigo de que seja adotado como forma de preservar a estrutura existente de poder. A Renda Básica deve ser um ideal universal humanista que transcenda o Estado-nação e resista às tendências atuais em relação ao territorialismo e à xenofobia. E deve ser uma base de poder da qual as pessoas em todos os lugares possam dizer tanto ao estado quanto ao capital para onde ir. A Renda Básica deve ser uma libertação não apenas "da falta de empregos ou empregos ruins, mas do maldito trabalho forçado ... [vertical] explicitamente contra a servidão involuntária e a escravidão assalariada". Qualquer coisa menor do que isso resultará em "esmolas ou folhetos" em vez de algo por direito.

A Renda Básica deve ser adotada com consciência das "raízes históricas do crime de expropriação do bem comum" e com a exigência de que "não seja uma simples caridade ou assistência, mas também a ajuda mútua entre os excluídos que, portanto, procuram a libertação e a restituição do gozo dos direitos naturais roubados."

Brancaglione argumenta que a Renda Básica não deve ser financiada por impostos sobre a renda ou com a apreensão dos frutos do trabalho acumulado de alguém, mas

"estendendo este reconhecimento e esta proteção absoluta ao patrimônio e à propriedade natural que é comum a todos ... O direito inalienável de participação nos bens comuns como uma herança e propriedade de toda a humanidade [deve] ser reconhecido como um direito natural e universal que precede qualquer outro direito ... Tudo isso sem necessariamente derrubar tudo o que está hoje, mas, ao contrário, convertê-lo em participações sobre receitas de capitais nacionais e transnacionais."

Assim, a renda não será financiada pela tributação de indivíduos, mas pelo estabelecimento de direitos comuns sobre recursos naturais, bem como possivelmente (se eu entendi o texto corretamente) extensão de uma participação social para a corporação. É um dividendo sobre bens comuns.

Mas, continua Brancaglione, tal sistema nunca será estabelecido de bom grado pelos estados-nação; será criado por iniciativa dos próprios expropriados (isto é, os povos do mundo cujos recursos foram expropriados pelo capitalismo e pelo colonialismo).

E qualquer Renda Básica Universal genuína deve incluir, junto com a universalidade, o princípio da emancipação política: isto é, os povos para os quais foi projetada devem ter uma voz igual ao projetá-la.

Em conclusão, Brancaglione escreve:

"A Renda Básica é uma soma igual de dinheiro pago consensualmente e incondicionalmente por aqueles que de facto controlam o bem comum como capital para todas as pessoas sem quaisquer distinções (incluindo as de nacionalidade ou territorialidade) ... Esse pagamento é tanto uma parte devida de o patrimônio humano e natural e uma garantia do direito de todos a uma vida de paz e igualdade de autoridade e de liberdades fundamentais e reais.

Podemos até mesmo discordar sobre quais são as propriedades compartilhadas por todos e quais são as rendas básicas que proporcionam essa liberdade real. Isso deve ser determinado por acordos de paz e justiça entre as pessoas.

Assim, a Renda Básica não é realmente um mecanismo ou

processo de redistribuição de riqueza, mas de igual distribuição de poderes e liberdades fundamentais.

Nos tempos atuais, a Renda Básica é, acima de tudo, o dividendo social dos Estados, empresas e sociedades que controlam os recursos naturais, para todos os povos e indivíduos que vivem em territórios onde operam, impondo seu capital como sistemas político-econômicos."

Se uma Renda Básica do tipo defendida por Brancaglione, ao invés de ser originada dentro das nações ricas para aqueles dentro de suas próprias fronteiras, "vem dos países, povos e classes marginalizados dentro e fora dos territórios dominados ... por estes [Western States] capitalistas ", parece-me que eles têm algumas fontes importantes de influência contra o Ocidente capitalista. Se os países ao Sul do globo alguma vez criarem uma federação ou pacto para servir como núcleo de uma Renda Básica transnacional em expansão, poderão obter um enorme fundo de capital compartilhado para uma Renda Básica internacional, expropriando os recursos naturais atualmente pertencentes ao capital ocidental - o petróleo da Venezuela, da Nigéria e da Indonésia, os minerais da África meridional e dos Andes, a terra roubada destinada à produção de culturas de rendimento pelo agronegócio das empresas, etc. - e juntando a propriedade dela como fonte de dividendos. Ao cobrar taxas significativas de indenização pela extração de recursos, tributar o valor das terras cultivadas pelas empresas do agronegócio e ameaçar anular as reivindicações ocidentais de patentes e direitos autorais em seus territórios, elas podem exercer grande pressão sobre os países ocidentais para participarem de um programa global básico. Acordos de renda, ou por sua própria ação unilateral obter pagamentos do Ocidente na forma de taxas para os recursos que extrai. Eles também podem transformar fábricas e fazendas de propriedade do Ocidente em cooperativas de trabalhadores com o fundo de capital da Renda Básica como coproprietário.

Muitos da Esquerda expressam ceticismo em relação ao movimento da Renda Básica e modelos pós-capitalistas como "Comunismo de Luxo

Totalmente Automatizado" pelas mesmas razões que Brancaglione afirmou, que eles serão usados principalmente para resgatar a aquiescência pública Ocidental na exploração do resto do mundo. O mundo, excluindo aqueles que estão fora de seus próprios países, ou que exigirão modelos tecnológicos que aumentem grandemente a degradação ambiental.

O tipo de movimento que Brancaglione discute pode ser o remédio para esses dois problemas. Mesmo sem o apoio de uma Renda Básica transnacional pelo Ocidente industrializado, os antigos países colonialistas possuem enormes pilhas de recursos saqueados que poderiam contribuir enormemente para aliviar a pobreza ao Sul do globo com ou sem a cooperação do Ocidente. Ao mesmo tempo, reivindicar a propriedade de reservas minerais, florestas, terras agrícolas e petróleo, e cobrar taxas de extração por eles, fará mais do que qualquer coisa que o Ocidente possa fazer para forçar os países industrializados a adotar a conservação, a reciclagem e o projeto de produtos com ciclos de vida do berço ao berço e pôr fim às guerras sujas do Ocidente em busca de petróleo e minerais de terras raras.

Não pretendo de modo algum minimizar o valor dos movimentos da Renda Básica Ocidental, mas eles precisam ser complementados por movimentos de pessoas em todo o mundo em desenvolvimento que tomam o controle de seus próprios destinos para que não sejam deixados para os estados-nação capitalistas o mundo industrializado a adotar uma versão da Renda Básica que estabiliza o atual sistema de exploração.

Kevin Carson